COLLECTIONS

DE FEU

M. LOTTIN DE LAVAL

Au Château des Trois-Vals

A MENNEVAL, près BERNAY

(EURE)

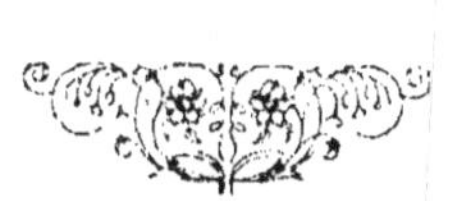

VENTE

Au Château des Trois-Vals, à Menneval

Près BERNAY (Eure)

LE DIMANCHE 17 MAI 1903 ET JOURS SUIVANTS

à 1 heure de l'après-midi

EXPOSITION PUBLIQUE

Le Samedi 16 Mai 1903, de 9 h. du matin à 6 h. du soir

et

Le Dimanche 17 Mai 1903, de 9 heures du matin à midi

N.-B. — Les livres seront vendus le Dimanche 24 Mai 1903, à 1 heure

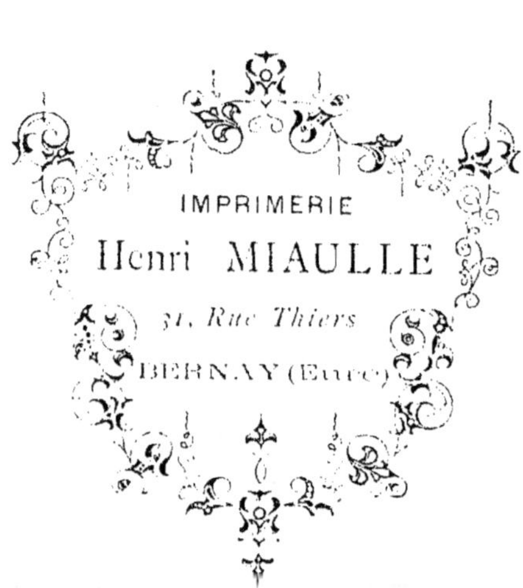
IMPRIMERIE
Henri MIAULLE
31, Rue Thiers
BERNAY (Eure)

COLLECTIONS

LOTTIN DE LAVAL

ARCHÉOLOGUE ET EXPLORATEUR

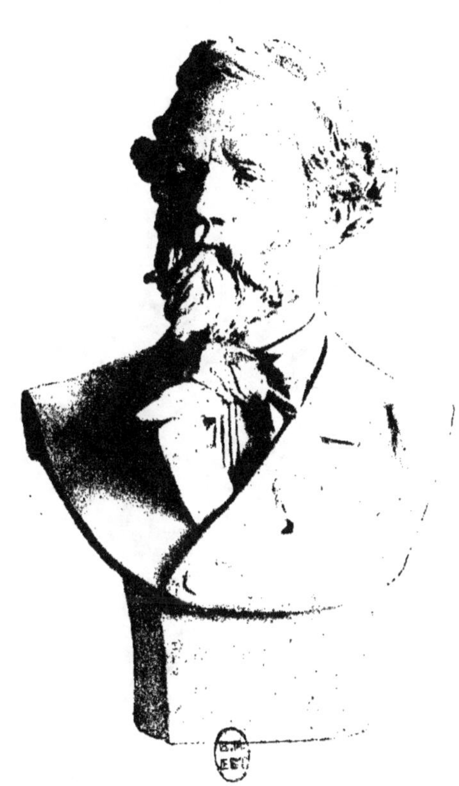

COLLECTIONS LOTTIN DE LAVAL

CATALOGUE SOMMAIRE

DES

FAÏENCES ET PORCELAINES ANCIENNES, POTERIES, GRÈS, etc.
TABLEAUX ANCIENS ET MODERNES, MINIATURES
DEPUIS, AQUARELLES, CRAYONS, ETC.
GRAVURES, EAUX-FORTES, LITHOGRAPHIES, ETC.
SCULPTURES EN BOIS, IVOIRE, PIERRE, ETC.
MEUBLES ANCIENS EN BOIS SCULPTÉ ET BOIS DE PLACAGE
SIÈGES ANCIENS, MEUBLES ET OBJETS EN BOIS DORÉ
BRONZES D'AMEUBLEMENT, PENDULES
ARMES EUROPÉENNES ET ORIENTALES
TAPISSERIES ANCIENNES TISSÉES ET AU POINT
TENTURES, ÉTOFFES, BRODERIES, GUIPURES, TAPIS
OBJETS ANTIQUES PROVENANT DE FOUILLES, ETC.
IMPORTANTE BIBLIOTHÈQUE

DONT LA VENTE PAR SUITE DE DÉCÈS

aura lieu

AU CHATEAU DES TROIS-VALS, A MENNEVAL
Près BERNAY (Eure)

LE DIMANCHE 17 MAI 1903 & JOURS SUIVANTS

à 1 heure précise

Mᵉ SAUVAGE   Mᵉ CAHAGNE
Notaire   Greffier de la Justice de Paix
A BERNAY (Eure)   A BERNAY (Eure)

Assistés de MM.

M. PAULME et B. LASQUIN Fils

Experts en Objets d'art

10, Rue Chauchat. — PARIS — Rue Laffitte, 12

La Bibliothèque sera vendue le Dimanche 24 Mai 1903
A UNE HEURE PRÉCISE
Avec le concours de M. MARTIN, libraire-expert, 35, rue Gros, à Paris

CONDITIONS DE LA VENTE

Elle sera faite expressément au comptant.

Les acquéreurs paieront DIX POUR CENT *en sus des prix d'adjudication, plus un droit de criée de o fr. 10 par lot adjugé.*

En cas de contestation sur une enchère, l'objet sera remis immédiatement en vente.

L'Exposition mettant le public à même de se rendre compte de l'état et de la nature des objets mis en vente, aucune réclamation ne sera admise une fois l'adjudication prononcée.

Pour toutes demandes de Catalogues, s'adresser à :

Mᵉ SAUVAGE, Notaire à Bernay ;
Mᵉ CAHAGNE, Greffier à Bernay ;
M. PAULME, Expert, 10, rue Chauchat, à Paris ;
M. LASQUIN, Expert, 12, rue Laffitte, à Paris ;
M. MARTIN, Libraire-Expert, 35, rue Gros, à Paris.

DÉSIGNATION

FAÏENCES ET PORCELAINES

Faïences anciennes de Rouen : Nombreux plats grands et petits à décor bleu et polychrome, à la corne, de style rayonnant, etc. ; — Assiettes, en bleu rayonnant, à la corne, à la corne tronquée, à la pagode, etc. ; Soupières, saladiers, plats à barbes, vases et pot-pourris, hanaps, cache-pots, jardinières, porte-bouquets, porte-huiliers, burettes, pichets, encriers, crachoirs, vasques, vases de jardin, etc.

Faïences anciennes de Delft : Plats, assiettes, potiches, bouteilles, vases, à décor bleu et polychrome.

Faïences anciennes de Marseille, Moustiers, Strasbourg, etc.

Faïences italiennes.

Poteries du Pré d'Auge ; Grès anciens et modernes.

Porcelaines anciennes de la Chine, du Japon, de la Compagnie des Indes, etc.

TABLEAUX ANCIENS ET MODERNES

Dessins, Aquarelles, Miniatures, Gravures, Lithographies, etc.

Portraits d'hommes et de femmes des Ecoles française, flamande et hollandaise des XVIIe et XVIIIe siècles.

Portrait de femme de l'Ecole de Mignard.

Tableau par Hondekœter : Volatiles dans un paysage. Portraits divers, fleurs, natures mortes, sujets d'histoire et mythologiques, intérieurs, etc.

Dessins et aquarelles, crayons anciens et modernes des Ecoles italienne, hollandaise et française du XVIe au XIXe siècle.

Plusieurs miniatures à l'huile sur cuivre, du XVIIe siècle.

Miniatures sur ivoire du XVIIIe siècle.

Gravures, eaux-fortes, lithographies du xviie au xixe siècle.

Plusieurs beaux portraits français du siècle de Louis XIV. Louis XIV, Bossuet, par Drevet, d'après Rigaud ; d'Harcourt *dit* le Cadet-à-la Perle, par Poilly ; et d'autres par Audran, Edelinck, Nanteuil, etc.

Estampes du xviiie siècle, en noir, d'après Lebrun, Greuze, Lancret, Pater, etc.

SCULPTURES

EN PIERRE, BOIS, IVOIRE, ETC.

Belle statuette en pierre du xive siècle : Vierge en enfant.

Plusieurs personnages : Saints et saintes en pierre des époques Gothique et Renaissance.

Statuettes et figures en bois sculpté des mêmes époques.

Petites vierges en ivoire du xviie siècle.

MEUBLES EN BOIS SCULPTÉ

Nombreux coffres en bois sculpté à panneaux du xve siècle.

Plusieurs coffres en bois sculpté, à panneaux et cariatides du xvie siècle.

Devantures de coffres et quantité de panneaux en bois sculpté des époques Gothique et Renaissance.

Clocheton ajouré en bois sculpté du xve siècle.

Petit meuble genre Ducerceau à quatre colonnes et panneau de porte sculpté avec figures.

Armoires vitrées montées sur coffres à panneaux sculptés du xvie siècle.

Grand lit à colonnes et panneaux en bois sculpté de la fin du xvie siècle.

Plusieurs meubles à deux corps, cabinets, crédences et bahuts en bois sculpté des xvie et xviie siècles.

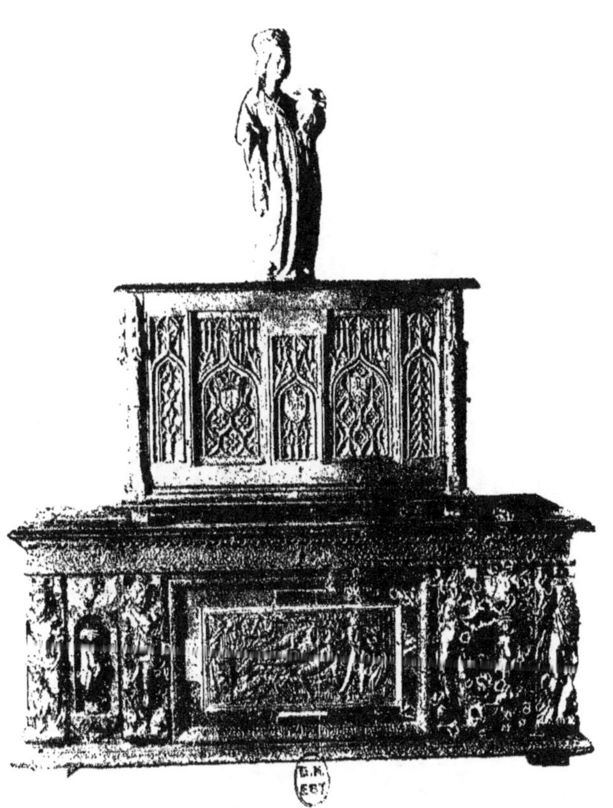

Tables en bois à pieds tors du temps de Louis XIII.

Armoires normandes en bois sculpté et à portes vitrées.

Lit Louis XV à crosses en bois sculpté.

Plusieurs lits Louis XVI en bois sculpté peint.

MEUBLES en BOIS de PLACAGE & MARQUETERIE

Commode du temps de Louis XIV en marqueterie de Boulle, en contrepartie.

Commodes Régence, Louis XV et Louis XVI en bois de placage avec garniture de bronzes ciselés et dorés.

Chiffonnier, secrétaire, etc., etc.

SIÈGES ANCIENS

Fauteuils et chaises du temps de Louis XIII recouverts en cuir de Cordoue.

Fauteuils de la même époque recouverts en tapisserie au point ou étoffe.

Quantité de sièges du XVIIIe siècle en bois sculpté, recouverts en tapisserie au point ou étoffe.

Écrans en bois sculpté.

Canapé Louis XVI en bois sculpté, recouvert en damas.

MEUBLES & OBJETS EN BOIS DORÉ

Colonnettes et chapiteaux bois sculpté doré.

Console du temps de la Régence, dessus de marbre.

Plusieurs consoles des époques Louis XV et Louis XVI à dessus de marbre.

Petites consoles-supports s'appliquant au mur.

Cadres anciens, glaces, miroirs, etc., etc.

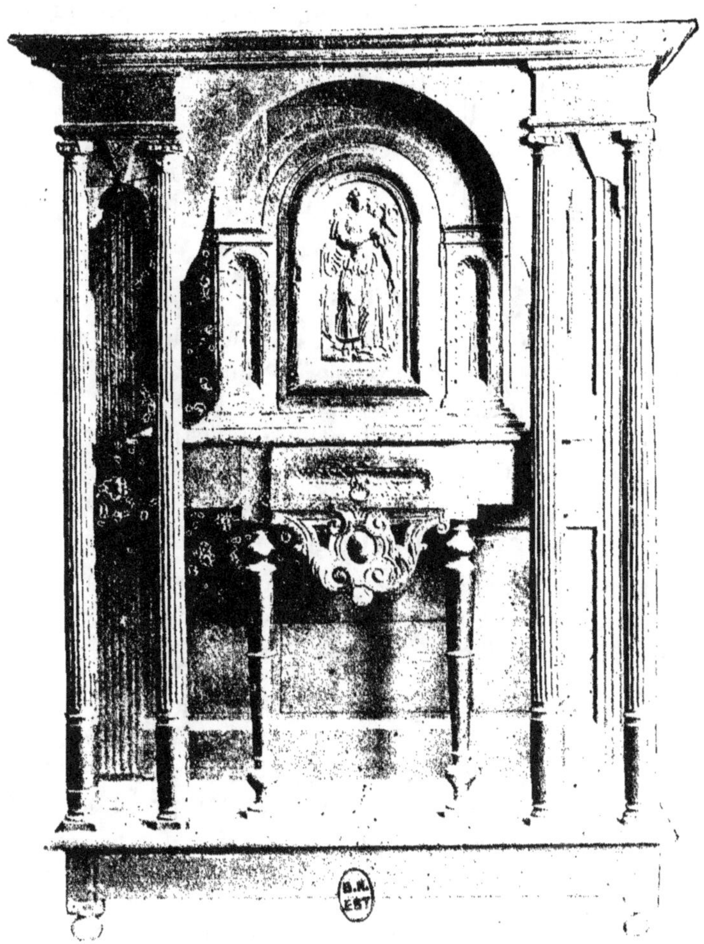

BRONZES D'AMEUBLEMENT, PENDULES, etc.

Pendules anciennes, flambeaux, chenets, appliques.

Pendule Louis XV et son socle en forme de cul-de-lampe en corne avec bronzes ; pendules en marqueterie de cuivre et d'écaille.

Plats en cuivre repoussé.

Appliques et lustre en cuivre.

Landiers en fer, contre-cœur de cheminée en fonte, etc.

ARMES

Armes européennes : Epées en fer damasquiné et autres, fusils, pistolets, poires à poudre, hallebardes, poignards, couteaux, etc.

Armes orientales incrustées et damasquinées.

Objets de l'Orient, narghilés, etc.

TAPISSERIES ANCIENNES

Deux belles tapisseries de l'atelier de Coomans du XVIIe siècle, à sujets tirés de l'Ancien Testament : *Samson chez Dalila* ; *La Fille de Jephté*, d'après les cartons de S. Vouet.

Riches bordures à arabesques, cartouches et médaillons.

Tapisserie d'Arras du temps de Louis XII. Belle composition à plusieurs personnages représentant : *La Discorde au Banquet des Dieux*.

Tapisserie d'Aubusson : *Verdure* avec habitation et animaux. — Bordure à fleurs.

Tour de lit en tapisserie au point à petits personnages du temps de la Renaissance.

Tapisseries de sièges des époques Louis XIV et Régence.

Feuille d'écran en tapisserie d'Aubusson du temps de Louis XVI.

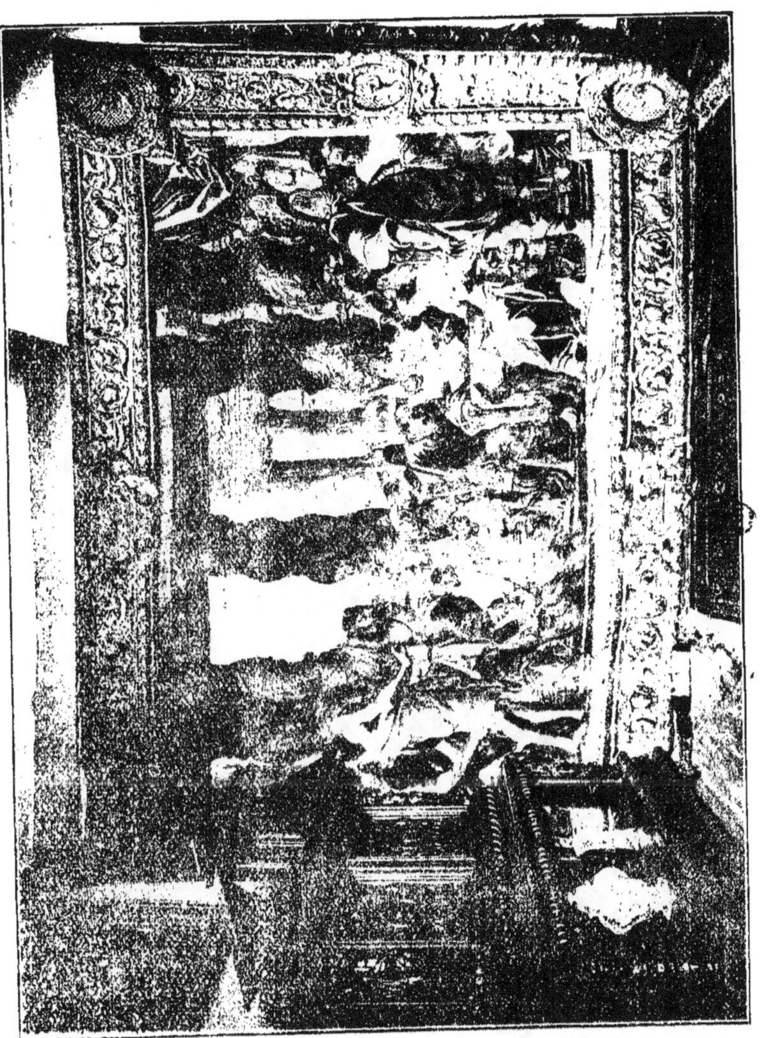

3 m. 25 sur 3m.60

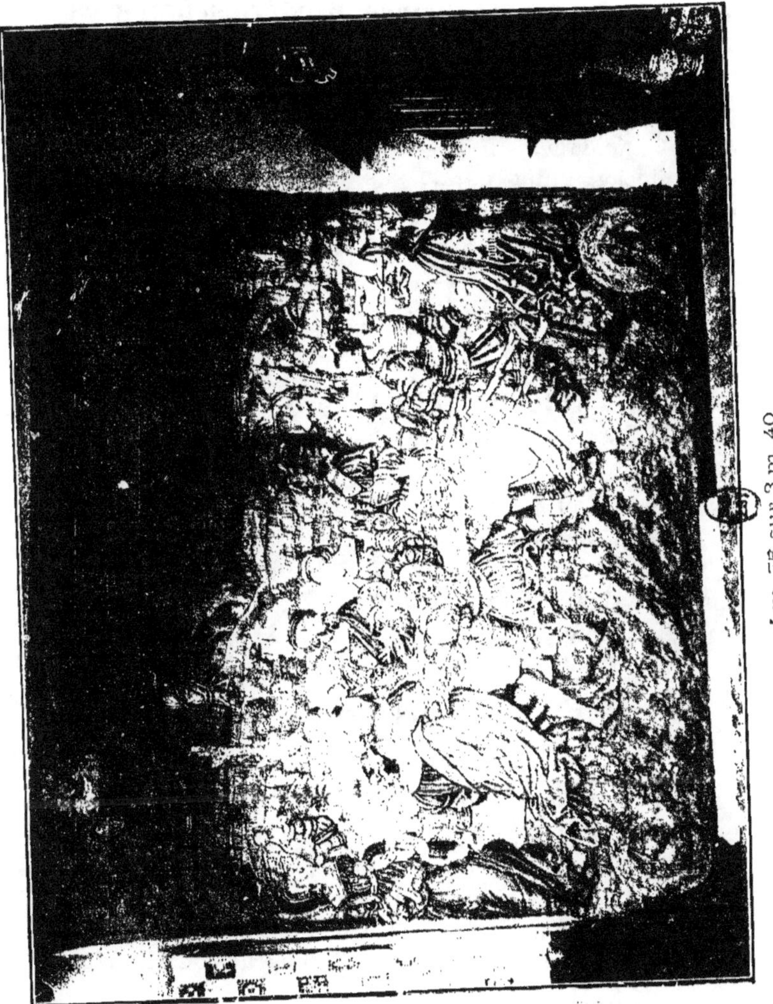

4 m. 75 sur 3 m. 40

Tentures, Etoffes anciennes, Broderies, Guipures, etc.

Tenture murale en cuir de Cordoue.

Dessus de lit en soieries anciennes ; Coupes de soieries anciennes.

Broderies, guipures, dessus de lit, dessus de table, rideaux en dentelles anciennes.

Nombreux coussins recouverts en soie.

TAPIS et CARPETTES ORIENTALES

OBJETS ANTIQUES PROVENANT de FOUILLES

Silex, fragments de verreries, poteries, terres cuites, bronzes.

Monnaies et médailles.

Moulages et inscriptions sur plâtre et fonte.

Quantité de reproductions de sculptures et inscriptions assyriennes et égyptiennes, et de pierres tombales.

Statuettes en plâtre.

BIBLIOTHÈQUE

Æpitoma omnis philosophiæ alias margarita philosophica. *Argentinæ, Gruninger, 1504.* Pet. in-4 v. Curieuses gravures sur bois.

Anselme (le Père). — Histoire généalogique de la Maison Royale de France. 1726. 9 vol. in-fol. v.

Bara. — Le Blason des armoiries. 1628. In-fol. v.

Didron. — Monographie de la Cathédrale de Chartres, 1842. In-fol. en liv. Pl.

Du Moulin. — Les Conquestes et les Trophées des Norman-François. Rouen, 1658. In-fol, v.

Flandin et Coste. — Voyage en Perse. Paris, Baudry, 4 vol. in-fol. en livr. Pl.

Forster. — Monuments d'architecture, de sculpture et de peinture de l'Allemagne, 1866. 8 vol. in-fol. br. Pl.

Gailhabaud. — L'Architecture du ve au xviie siècle, 1854. 5 vol. in-4 et in-fol. en livr. Pl.

Godefroy (D. — Histoire des Connestables, Chanceliers et Garde des Sceaux, Mareschaux, Admiraux, 1658, in-fol. v.

Histoire de l'Ornement Russe du xe au xvie siècle, 1870. 2 vol. in-fol. *Planches en couleurs.*

Hommaire de Hell. — Voyage en Turquie et en Perse, 1853, in-fol. en liv. et 3 vol. in-8 de texte.

Huillard-Bréholles. — Recherches sur les monuments et l'histoire des Normands de la Maison de Souabe dans l'Italie méridionale, 1844, in-fol. c.

Jubinal. — La Armeria Real, ou collection des principales pièces du Musée d'artillerie de Madrid, in-fol. en livr. Pl.

Laborde (le Cte A. de . — Voyage pittoresque et historique de l'Espagne, 1806, 4 vol. in-fol. en liv. Pl.

La Chesnaye des Bois. — Dictionnaire de la Noblesse, 1770, 12 vol. in-4, v.

Le Bon. — Les civilisations de l'Inde, 1887, gr. in-8, rel. Pl.

Le Brasseur. — Histoire du Comté d'Evreux, 1722, in-4, v.

Livres sacrés de l'Inde, en langue Thâmoûl, écrits sur des lames de feuilles de palmier.

Lottin de Laval. — Voyage dans la péninsule Arabique du Sinaï et l'Egypte moyenne. Paris, Gide, 1855-1859, 1 vol. in-4 de 355 pages de texte et 1 vol. in-fol. de 112 planches lithographiées. 90 exem.

Malliot et Martin. — Recherches sur les costumes des anciens peuples, 1804, 3 vol. in-4. Pl.

Mérimée. — Peintures de l'église de Saint-Savin, 1844, in-fol. en liv. *Planches en couleurs.*

Natalis de Wailly. — Eléments de Paléographie, 1838, 2 vol. in-4 car.

Pfnorr. — *Le Palais de Fontainebleau*, 2 vol. in-fol. Pl.

Place. — Ninive et l'Assyrie, 1865, in-fol. en livr. Pl.

Pommeraye. — Histoire de l'église-cathédrale de Rouen, 1686, in-4, v.

Prisse d'Avennes. — L'art arabe depuis le VIIe siècle jusqu'à la fin du XVIIIe siècle, 1877, 1 vol. in-4 de texte et 3 vol. in-fol. de *planches en couleurs* en livraisons.

Ramée et Vitet. — Monographie de l'église Notre-Dame de Noyon, 1845, in-fol. en livr. Pl.

Saint-Allais. — Nobiliaire de France, 20 tomes en 40 vol. in-8, br.

Sauval. — Antiquités de Paris, 1724, 3 vol. in-fol. v.

Vasari. — Vies des peintres, sculpteurs et architectes, trad. par Leclanché, 10 vol. in-8.

Viollet-le-Duc. — Dictionnaire de l'Architecture du XIe au XVIe siècle, 1868, 10 vol. in-8 br.

Dictionnaire du mobilier français de l'époque Carlovingienne à la Renaissance, 1874, 6 vol. in-8 br. Pl.

Architecture et décoration turques du XVe siècle, 1874, in-fol. cart. *Planches en couleurs*.

~~~~~~~~~~

Seront vendus par lots environ 2,000 volumes d'histoire et de littérature, archéologie, beaux-arts ; livres anciens ; ouvrages sur la Normandie ; romantiques, etc.
~~~~~~~~~~